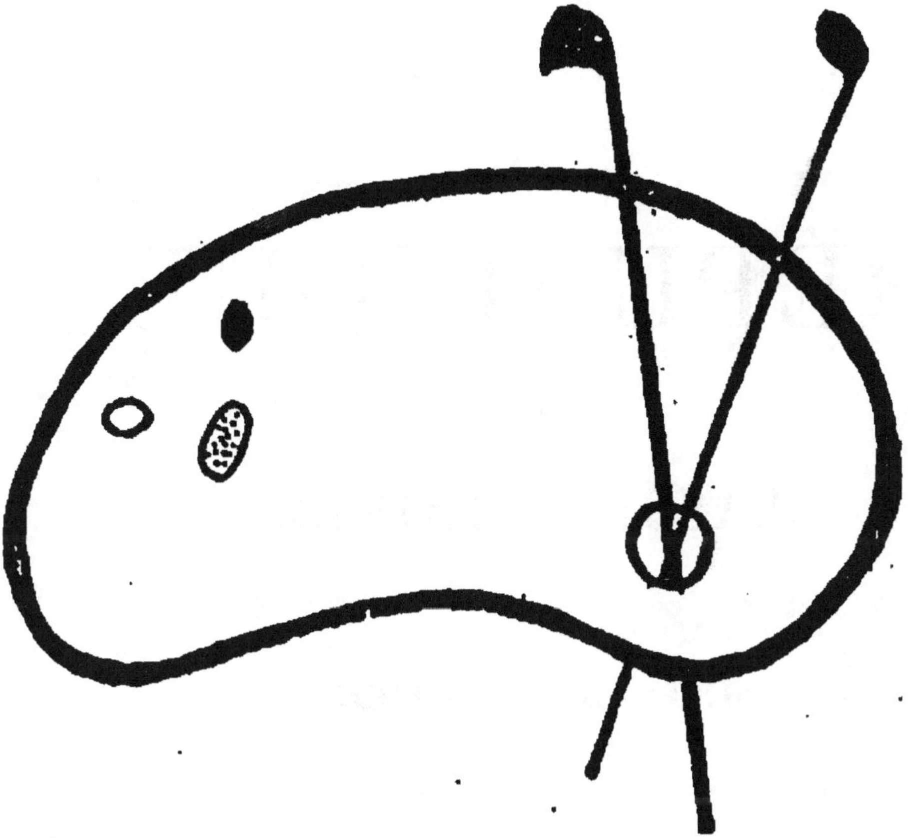

DEBUT D'UNE SERIE DE DOCUMENTS
EN COULEUR

TROISIÈME VOLUME

LA
RÉPUBLIQUE

DES

CLASSES DIRIGÉES

PAR

J.-P. MAZAROZ

PARIS

GUILLAUMIN ET Cie	LIBRAIRIE DES SCIENCES SOCIALES
14, RUE DE RICHELIEU, 14	3, RUE HAUTEFEUILLE, 3

25 décembre 1876

IMPRIMERIE CENTRALE DES CHEMINS DE FER. — A. CHAIX ET Cie,
RUE BERGÈRE, 20, A PARIS. — 17656-6.

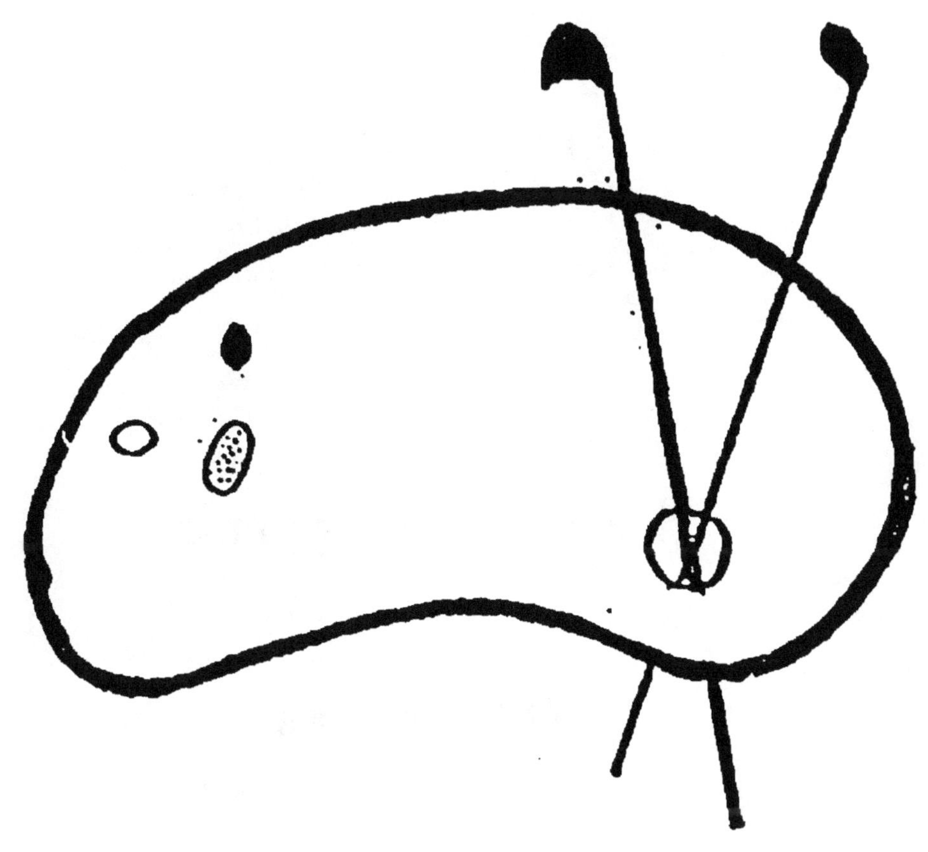

FIN D'UNE SERIE DE DOCUMENTS
EN COULEUR

LA
RÉPUBLIQUE

DES

CLASSES DIRIGÉES

TROISIÈME VOLUME

LA
RÉPUBLIQUE

DES

CLASSES DIRIGÉES

PAR

J.-P. MAZAROZ

PARIS

GUILLAUMIN ET Cⁱᵉ   LIBRAIRIE DES SCIENCES SOCIALES
14, RUE DE RICHELIEU, 14   3, RUE HAUTEFEUILLE, 3

25 décembre 1876

LA

RÉPUBLIQUE

DES

CLASSES DIRIGÉES

AVANT PROPOS

Un des hommes les plus remarquables du pouvoir actuel a déclaré que **la Constitution du 25 février 1875 était l'organisation de la République des classes dirigeantes.**

Cette dénomination peut s'appliquer au régime féodal aussi bien qu'à tous les gouvernements qui se sont succédé depuis 1791. En effet, la Féodalité était une véritable République des classes dirigeantes avec un roi, comme démonstration il est bon de dire, que le même gouvernant faisait partie de ceux qui auraient offert la royauté de la République des classes dirigeantes, en 1873, au descendant des souverains de l'ancien régime, à la condition qui a été réfusée, de reconnaître les conquêtes de la Révolution ; mais il faut bien noter que ces prétendues conquêtes sont uniquement représentées économiquement aujourd'hui par le système social appelé **l'Individualisme.**

Donc, jusqu'ici, les peuples ont subi économiquement **la République des classes dirigeantes ;** les titulaires ont souvent changé, mais le servage des populations a toujours été à peu près le même, sauf autrefois dans les villes de France où un excellent commencement d'organisation corporative avait affranchi les ouvriers de la misère héréditaire.

Les physiocrates modernes paraissent vouloir éterniser la situation présente des classes dirigées; c'est pour ce motif que je viens dénoncer le moyen principal qui est employé par eux, afin de continuer la domination exclusive de l'individualisme et priver le plus longtemps possible les populations françaises, des bienfaits de **la République des classes dirigées.**

Les physiocrates d'aujourd'hui de même que ceux de tous les temps répètent constamment et à pleine bouche : **la Nation, l'État, la France, la République, les lois !** mais ce sont là des généralités déclamatoires, exaltées dans le seul but de la domination exclusive de quelques-uns sur tous.

Travailleurs, commerçants et industriels, vous qui produisez tout et qui n'êtes pour ainsi dire rien dans la société, que des machines à payer les impôts, grâce à l'ensemble des lois modernes, écoutez ce qui suit :

SCIENCE SOCIALE

I

Beaucoup de physiocrates devenus vieux se font ermites, mais les nouvelles couches populaires de physiocrates non encore arrivés, poussent généralement les masses à la négation de l'existence du point d'arrivée et de départ de la nature, c'est-à-dire à nier l'existence du **grand Architecte de l'Univers.**

Quand ce moyen réussit, il isole moralement les hommes par l'orgueil, puis, privés de l'étoile sociale, les peuples sont livrés pour ainsi dire pieds et poings liés dans les mains de gouvernants qu'ils ne nomment pas et de représentants qu'on leur fait nommer de temps en temps, afin d'ôter aux citoyens jusqu'au moindre prétexte de s'occuper si peu que ce soit des intérêts communs et généraux qu'ils ont dans la société, de par leur droit naturel de membres de l'humanité.

Le despotisme social par la négation, est encore plus asservissant que le despotisme social par la superstition, parce que **la négation** comporte le matérialisme avec toutes ses conséquences, mais l'un et l'autre despotisme sont indignes d'une nation en progrès.

Les nouvelles couches physiocratiques ont donc réussi depuis quelques années grâce aux propos les plus trompeurs, à décider quelques loges maçonniques à effacer de l'entête de leurs lettres et actes le nom du grand Architecte de l'univers, qui y figure depuis quatre mille ans.

Cette tentative, qui heureusement n'a pas réussi, m'a engagé à expliquer les liens de la franc-maçonnerie avec les institutions sociales anciennes et modernes.

Il est certain que la franc-maçonnerie est aussi vieille que le monde ; en effet, à tous les âges de l'antiquité, les hommes de bien se sont réunis pour se défendre collectivement contre les passions bestiales de populations presque sauvages, ainsi que pour conserver les principes sociaux desquels découlent **l'union** et la **solidarité** générale entre les hommes.

La physiocratie a remplacé ces deux mots sublimes par ceux-ci : *exploitation nationale* et *despotisme social* par l'individualisme.

Instruction.

C'est le grand roi Salomon, aidé de son ministre du travail **Hiram** ou **maître Jacques**, qui a dégagé la franc-maçonnerie de ses limbes primitifs et qui en a fait la belle institution d'enseignement moral et social que nous connaissons.

Salomon et son grand ministre Hiram étaient les ardents

adeptes des corporations d'arts et métiers établies par Moïse dans les tribus d'Israël (1).

Ces deux hommes dont l'humanité s'honore, voyant que les groupes professionnels du peuple d'Israël se querellaient continuellement entre eux à propos de leurs droits et devoirs réciproques, eurent les craintes les plus sérieuses pour l'avenir des libertés collectives de la Judée ; malheureusement Salomon ne songea pas à la Fédération qui aurait sauvé les corporations de Moïse, de même qu'elle aurait garanti de la mort celles de saint Louis, à la fin du xviiie siècle.

Ceci n'ayant pas été fait, les prévisions de Salomon se réalisèrent et le soudard Judas Macchabée a pu établir l'individualisme en Judée (160 ans avant J.-C.), en se faisant glorifier pour avoir éteint par ce moyen les dissensions domestiques du peuple hébreu.

Ce fait a sans doute fourni le sujet de la fable des plaideurs et de l'huître.

Quoi qu'il en soit la vérité consiste à déclarer, que chez les Juifs comme chez tous les peuples de la terre, la destruction des collectivités professionnelles a marqué le premier jour de la décadence.

*
* *

Salomon crut prévenir suffisamment la destruction de l'organisation du travail du peuple hébreu en chargeant son

---

(1) *Voici une des preuves que les métiers étaient organisés du temps de Salomon.*

J'ai aussi regardé tout le travail et l'adresse de chaque métier, et j'ai vu que l'un porte envie à l'autre.

(Ecclésiaste de Salomon, chap. IV, verset 4.)

ministre Hiram, aidé par les maîtres des corps d'arts et métiers de Jérusalem, de transformer les antiques réunions souterraines de la maçonnerie primitive en leur donnant pour sommet le nom sacré du grand Architecte de l'univers et pour bases pratiques **l'union et la solidarité**.

Hiram fonda alors la Franc-maçonnerie nouvelle telle qu'elle existe encore aujourd'hui, malgré les remaniements exécutés au moyen âge par les Écossais et autres.

La franc-maçonnerie réorganisée par Hiram **représente** dans toute sa pureté la théorie de la religion du travail, dont Moïse avait établi la pratique dans les corps d'arts et métiers des tribus d'Israël, de même que le roi saint Louis l'a organisée dans les corporations françaises.

En effet, les trois grades de la maçonnerie sont ceux des corporations : maître, compagnon et apprenti. Les moyens et le but économique de la maçonnerie et de la corporation sont donc les mêmes.

1° Leur culte, c'est le travail organisé à l'image de la Nature œuvre du grand Architecte de l'univers, c'est pourquoi le lieu des réunions maçonniques ou corporatives s'appellent également **un atelier**;

2° Dans la maçonnerie comme dans la corporation, il faut des concours pour être reçu apprenti, compagnon et maître, **afin de glorifier le savoir.**

3° Chaque membre des deux institutions s'engage à faire concilier ses différends par ses collègues, **afin que la paix et la concorde règne parmi les hommes.**

4° L'aide mutuel et la cotisation font partie des devoirs corporatifs et maçonniques, **afin que la paix quotidien soit assuré aux hommes laborieux,** la communion y est également pratiquée par des banquets dans les jours de fête, **afin de démontrer aux hommes qu'ils sont tous égaux devant les besoins naturels de la vie.**

5° L'instruction, morale chez les maçons devient professionnelle dans les corporations, mais elle est toujours placée sous la protection du savant des savants, que l'on appelle le grand Architecte de l'univers dans la maçonnerie, et Dieu le père dans la famille industrielle.

6° Par ces diverses pratiques, la corporation et la maçonnerie reconnaissent l'homme de bonnes mœurs comme membre libre de l'Humanité.

Enfin, les secrets et les mots de passe sont également pratiqués dans ces deux institutions vieilles comme le monde, **afin que les hommes libres et de bonnes mœurs puissent se reconnaître partout;** les différences s'il y en a n'existent que dans les mots; les syndics corporatifs par exemple, s'appellent officiers dans la maçonnerie, mais syndics ou officiers sont nommés au suffrage universel dans les deux corps.

Il est bon de remarquer que les physiocrates israélites tuèrent Hiram, pensant anéantir avec lui son œuvre immortelle, qui est le type du fonctionnement des libertés collectives de l'homme.

C'est dans le même but que des physiocrates modernes tentent de faire enlever des écrits maçonniques le glorieux drapeau qu'Hiram y avait gravé, afin de rendre son œuvre éternelle comme celle du grand Architecte de l'univers qu'il avait pris pour modèle.

*
* *

C'est en récompense de l'immense service rendu à l'Humanité par la création de la franc-maçonnerie nouvelle, ainsi que pour les excellents principes de philosophie sociale contenus dans l'Ecclésiaste, que Jésus appelle constamment **Salomon le grand Roi**, et qu'il désigne toujours sous le nom de royaume, le règne de la justice qu'il conseille aux hommes tout le long des quatre évangiles.

Comme on le voit, Jésus reconnaissait la qualité des arbres à leurs fruits.

Ne jurez pas par Jérusalem, car c'est la ville du grand Roi.

(Saint Mathieu, chap. v, verset 35.)

La glorification constante de Jésus pour Salomon s'explique surtout, parce que ce roi a protégé et développé les corporations d'arts et métiers. Cette glorification, unie au blâme ininterrompu dont le Christ accable les scribes et les pharisiens, qui étaient les physiocrates individualistes gouvernant le peuple juif depuis Macchabée jusqu'à lui, indiquent jusqu'à l'évidence que, le règne de la justice conseillé aux hommes par Jésus-Christ, est bien celui des libertés collectives, pratiquées dans des groupes professionnels solidaires les uns des autres.

****

Les collectivités professionnelles établies par Moïse et protégées par Salomon, représentent exactement le règne du grand Architecte sur la terre : voilà pourquoi Moïse après avoir organisé corporativement le peuple d'Israël, l'appelait le **peuple de Dieu**.

C'est ici la place de rétablir la signification de la légende de **la manne de Moïse**.

La vérité consiste à affirmer qu'il n'est jamais tombé de manne du ciel sous la forme d'une substance pouvant nourrir un peuple affammé : La manne de Moïse est une image ; elle représente le bien-être dont a été doté le peuple hébreu par le travail et les échanges que Moïse avait organisé dans les tribus d'Israël. Ce bien-être sera le partage de toutes les populations qui deviendront **le peuple de Dieu,** par la pratique de l'amour du prochain qui découle des institutions corporatives.

Tous les souverains intelligents se sont occupés des libertés collectives comme Moïse et Salomon. Numa Pompilius par exemple, a organisé le travail au milieu des populations romaines (1) en s'inspirant des principes de la franc-maçonnerie nouvelle, établie par Salomon et son ministre Iliram.

Alexandre Sévère a été initié à la maçonnerie dès son jeune âge par les soins de sa mère; c'est ce qui l'a conduit à réorganiser les corporations de Numa Pompilius dans le but louable de soutenir socialement le colosse romain, que l'individualisme faisait écrouler de toutes parts; mais il était malheureusement trop tard.

C'est encore sur les principes exacts de la franc-maçonnerie nouvelle, qu'Étienne Boileau prévôt des marchands de Saint-Louis réorganisa les anciens corps d'arts et métiers.

Tous les princes du moyen-âge et de la renaissance étaient initiés dès leur jeunesse à la franc-maçonnerie,

---

(1j Plutarque, *Vie de Numa Pompilius,* chap. xxii.

de nos jours encore le Prince de Galles en Angleterre est le Grand-Maître de cette antique institution.

.•.

Pour en revenir aux sources sociales du monde, il faut bien comprendre que les prophètes du peuple Hébreu n'étaient autres que des initiés prêchant le développement des principes corporatifs, en se fondant sur l'organisation de tous les détails de l'œuvre immense du grand Architecte de l'univers, qu'ils appellent plus généralement le Seigneur c'est-à-dire **le Maître**; mais, il faut bien se souvenir à ce sujet, que la maîtrise est le premier grade de la maçonnerie ainsi que celui de la corporation.

Ceux qui persécutaient les prophètes n'étaient autres que les physiocrates juifs, désirant, comme ceux de tous les temps et de tous les pays, déterminer l'asservissement complet des populations par l'isolement individuel et la destruction de la liberté collective des producteurs, afin de **diviser pour régner**.

Il vient d'être dit, que Judas Machabée appelait l'isolement individuel qu'il a établi en Judée **l'extinction des discordes domestiques du peuple juif**; de nos jours, les physiocrates modernes décorent l'individualisme du titre pompeux de **liberté individuelle**. Puis, ils proscrivent la légalité de l'exercice des libertés collectives et syndicales, en les accusant d'avoir pour résultat **de former un État dans l'État**.

Il est facile d'anéantir ce raisonnement enfantin, en démontrant que les libertés collectives, syndicales et corporatives ont fonctionné légalement en France pendant cinq siècles consécutifs, mais qu'il n'est jamais venu à l'idée de personne qu'elles puissent arriver à constituer **un nouvel État** dans celui de l'ancien régime, qui n'a pourtant pas été bien difficile à démolir, après qu'il eût perdu sa solide base sociale qui était la corporation.

II

LE PÈRE.

Le Christ est venu sur terre pour continuer en l'élargissant la mission sociale de Moïse ; puis, Jésus a clos la mission de tous les prophètes et envoyés, en chargeant l'humanité toute entière de travailler à l'établissement définitif du **règne de Dieu et de sa justice**, d'après les principes d'organisation fraternelle qu'il a posés dans le Pater et qu'il a développés dans toutes ses autres paroles et paraboles.

Pour la pratique de ses doctrines, Jésus avait admirablement compris combien il est urgent d'incruster pour ainsi dire dans l'esprit des peuples la théorie de la construction universelle de l'œuvre du grand Architecte de l'univers ; c'est animé de cette pensée que le Christ a donné le Pater comme hymne du travail à tous les hommes, afin de bien leur démontrer que ce sont eux qui sont les maçons, c'est-à-dire les ouvriers de la continuation de l'œuvre du Maître suprême.

En qualité de philosophe Essénien, c'est-à-dire croyant à l'immortalité de l'âme, Jésus était compagnon franc-maçon ; l'initiation au deuxième degré maçonnique l'a appris à tous les adeptes de l'institution fraternelle fondée par Salomon et son ministre Hiram (1).

______

(1) Ceux qui pensent qu'Hiram ou maître Jacques n'a jamais existé, sont des citoyens sans aucune érudition.

Aussi, le pater est le véritable **credo** de tout franc-maçon intelligent, ainsi que celui de chacun des économistes éclairés de l'école du travail.

Comme il va être démontré, le Pater est en effet, la plus lumineuse manifestation sociale qui existe; les savants qui persistent à y voir l'ombre d'une idée mystique ou symbolique se trompent, pour ne pas dire plus.

Le Pater démontre jusqu'à l'évidence qu'il n'existe aucun mystère dans toute la nature qui ne puisse avoir son explication logique et rationnelle.

Car, il n'y a rien de caché qui ne doive être découvert, ni rien de secret qui ne doive être connu.

Ce que je vous dis dans les ténébres, dites-le dans la lumiere, et ce que je vcus dis à l'oreille préchez-le sur le haut des maisons.

(St-Mathieu, chap. x, verset 26 et 27.)

Ce qui veut dire clairement, qu'il ne doit rien avoir de mystérieux dans la nature, si ce n'est pour les ignorants.

Du reste, le Christ a été tué sur les instigations des physiocrates de son temps, parce qu'il est venu apprendre au peuple le secret de l'émancipation par le travail, mais ce qu'il y a d'horrible, c'est que les pharisiens ont eu l'adresse de le faire mourir par le peuple même qu'il venait pour émanciper.

Quand les travailleurs, commerçants et industriels français auront compris la véritable portée de ce crime, ils seront à moitié affranchis du physiocratisme.

Notre Père qui êtes aux cieux.

Malgré que chacune des théories religieuses disent avec

raison que le Créateur est au ciel, sur la terre et en tout lieu où la vie s'agite, le trône du grand Architecte est en principe aux cieux de tous les mondes.

Dieu, que nous ne connaissons que par son œuvre sublime, représente le travail universel, c'est-à-dire le progrès indéfini ; mais comme la direction de tous les progrès vient du haut de chacune des harmonies naturelles ou sociales, Jésus a voulu nous apprendre le secret de toutes les organisations célestes et terrestres par le premier verset du Pater.

Comme exemple, la chaleur, source première de toutes les forces et de toutes les végétations, est produite d'en haut.

De tout cela il résulte que, la mission des hommes qui dirigent les sociétés consiste à organiser les intérêts producteurs des peuples, afin de leur faire rendre au profit du bien-être de tous, les éléments de prospérité qui périssent en eux par isolement, ainsi que par la lutte de leurs intérêts privés.

Voilà pourquoi Jésus dit aux membres des classes dirigeantes qui doivent être les ouvriers du progrès général à tous les âges de l'humaniité :

Vous êtes le sel de la terre ; mais si le sel perd sa saveur avec quoi la lui rendra-t-on ? Il ne vaut plus rien qu'à être jeté dehors et à être foulé aux pieds par les hommes. (Saint Mathieu, chap. v, verset 13.)

Par ces paroles, Jésus se place comme toujours au point de vue élevé de la vie universelle.

La dernière partie de ce verset indique la punition inévitable des hommes et des sociétés qui ne s'occupent pas d'organiser et de protéger le progrès des populations par le travail et l'instruction.

L'ensemble de la parabole du sel veut donc dire :

Malheur aux orgueilleux et aux égoïstes, c'est-à-dire malheur à ceux dont le sel moral a perdu sa saveur sous l'influence des sacrifices constants qu'ils font inintelligemment à leurs intérêts privés, car ces hommes seront jetés par leurs erreurs dans des situations abjectes et misérables; ils seront à leur tour foulés aux pieds par d'autres hommes égoïstes, afin qu'instruits par la souffrance, ils puissent reprendre leur saveur et être plus tard les ouvriers dévoués de la volonté de leur père qui est aux cieux.

Votre nom soit sanctifié.

L'ouvrier universel est en même temps notre créateur et notre modèle, car **il a créé l'homme à son image.**

C'est en effet avec les yeux fixés sur la nature, que l'homme accomplit tous les progrès, dont l'ensemble arrive peu à peu à faire passer les peuples de l'état sauvage à celui des civilisations les plus perfectionnées.

Il est donc bon, utile et indispensable, que le nom du Père se présente à nous comme l'indication la plus sainte et la plus vénérée, car la vénération implique et conduit à **l'imitation;** or, c'est l'imitation de la nature œuvre du grand Architecte, qui engage les hommes sur la route de tous les progrès.

Aussi, Jésus convie constamment les hommes à organiser entre eux **le royaume de Dieu et sa justice,** en leur promettant qu'une fois cela fait, **toutes les choses** dont ils ont besoin **leur seront données par dessus.**

(Saint Mathieu, chap. IV, verset 33.)

Il ne faut pas oublier que la légende des anges précipités du ciel à cause de leur orgueil, représente des sociétés anté-historiques dirigées par des physiocrates, ces despotes ont péri comme périront tous leurs semblables qui méconnaîtront la sainteté du nom et de l'œuvre, de cette Unité aux milliards de milliards de molécules, que Jésus appelle le Père et dont il nous convie à sanctifier le nom par le deuxième verset du *Pater*.

Votre règne arrive.

Le règne de Dieu sur la terre, que Jésus appelle constamment celui de la justice, c'est le règne des collectivités professionnelles, seuls **contres-pratiques** de l'amour du prochain.

Par le groupement corporatif en effet, chacun a intérêt au respect des libertés du prochain, puisqu'il doit être fait pour lui, éxactement ce qu'il fera aux autres.

Toutes les choses que vous voulez que les hommes vous fassent, faites-les-leur aussi de même, car c'est là la loi et les prophètes.

(Saint Mathieu, chap. VII, verset 12.)

Comme on le voit, Moïse, les prophètes, Hiram et Jésus n'ont eu qu'un but, n'ont désiré qu'une chose pour laquelle ils ont sacrifié leur existence, cette chose si précieuse c'est l'organisation de l'amour du prochain par la conciliation de tous les intérêts des hommes.

Mais, si des hommes et des dieux sont venus mourir sur terre par tous les supplices pour apprendre à l'humanité la pratique du règne de la justice, c'est que pour progresser et grandir, l'humanité ne peut pas se passer de l'organisation des intérêts producteurs de

tous ses membres, réunis à cet effet en familles consan-
guines, professionnelles et nationales c'est-à-dire par
groupes d'intérêts privés, communs et généraux.

Jésus prédisait constamment la ruine de Jérusalem et
la dispersion du peuple juif. A ce sujet, un auditeur lui
demanda : **Que faut-il faire pour être sauvé?** Jésus
répondit : **Quant aux hommes, cela est impossible ; mais
quant à Dieu, toutes choses sont possibles.** Saint Mathieu,
chap. XIX, verset 25 et 26.

Cela veut dire clairement, que sous la pernicieuse
influence de **l'égoïsme individuel** il est impossible aux
hommes de sauver une Société ; tandis que par le
règne des collectivités qui est celui de Dieu, toutes
choses sont possibles, même de sauver une Société
gangrenée par l'individualisme.

Cela veut dire encore, que par l'individualisme, c'est-à-
dire sous le règne sauvage **du mien et du tien,** l'homme
n'ayant pas pour barrière sociale l'amour et la liberté
de son prochain, se livre fatalement aux mauvais
instincts que lui suggère son intérêt privé, alors il opprime
ses semblables avec toutes les forces que peuvent lui
donner son instruction et sa fortune; de là les luttes, les
haines et les révolutions, issues de la bataille générale
de tous les intérêts.

Mais si le règne du grand Architecte était organisé, c'est-à-dire si les hommes étaient groupés profes-
sionnellement, tout le monde aurait intérêt à être
honnête, le bonheur social découlerait constamment de
la pratique du bien et du développement de tous les
fruits de la terre par le travail organisé ; tandis qu'aujourd'hui, la fortune, les places et les honneurs sont
acquis généralement au moyen des troubles sociaux

parce que, par la lutte des intérêts, le bonheur de l'un doit forcément comme dans les jeux de hasard faire le malheur des autres.

Malgré les dénégations, le règne de Dieu doit arriver bientôt sur notre terre, car si Jésus a dit : « Mon Royaume n'est pas de ce monde », il voulait parler du monde physiocratique, individualiste et pervers qui régnait de son temps et dont il accusait les Pharisiens gouvernants, d'être hypocrites, races de vipères.

Comme on le voit, le monde qui va bientôt finir, comme Jésus le prédit si souvent, n'est autre que le monde physiocratique.

La terre ne va pas finir aussitôt, et la preuve c'est qu'il a été dit :

Le champ, c'est le monde ; la bonne semence, ce sont les enfants du Royaume.

(Saint Mathieu, chap. XIII, verset 38.)

Le regne de Dieu, demandé dans le Pater, doit donc fonctionner sur cette terre, par l'organisation et la conciliation de tous les droits et intérêts que les hommes ont reçu en propriété par la nature.

La réciprocité, est la base fondamentale du règne de Dieu et de sa justice.

Par ce règne, le dévouement apporté par l'homme dans l'accomplissement de ses devoirs constitue en même temps l'ensemble de ses droits.

Le règne de Dieu, tel qu'il est indiqué dans le Pater, est bien celui de la franc-maçonnerie, car dans cette antique institution les initiés sous le nom de maçons, continuent l'œuvre du Grand Architecte de l'Univers par l'organisation collective.

La corporation professionnelle représente également bien le règne du Dieu des Évangiles ainsi que le culte du Grand Architecte de l'Univers de la maçonnerie, puisque la corporation met en pratique l'amour du prochain par l'organisation des intérêts producteurs.

Votre volonté soit faite sur la terre comme au ciel.

Comme il vient d'être dit, la volonté du Père est manifestée directement par Lui au ciel; mais, comme c'est le Fils qui a la mission d'exécuter la volonté divine sur la terre, il faut que les hommes étudient collectivement les intentions du Père indiquées dans son œuvre la Nature, afin que par leurs soins, **sa volonté soit faite sur la terre comme au ciel.**

Le **comme au ciel** de ce verset indique clairement que l'exécution de la volonté de Dieu sur la terre regarde exclusivement les hommes et les sociétés.

Toutes les choses créées par la Nature ont en effet leur raison d'être dans l'harmonie universelle. Le devoir de l'homme consiste donc, non-seulement à les améliorer constamment, mais encore à bien comprendre que la volonté créatrice du Père est manifestée antérieurement à tout ce qui respire actuellement.

Rien détruire et tout perfectionner représente la volonté du Père; car son œuvre contient en esprit et en vérité, en théorie et en pratique, les principes conserva-

teurs, reproducteurs et protecteurs des individus, des races, ainsi que des sociétés.

Le Père n'agit qu'au profit des intérêts généraux des ensembles; aussi il ne juge pas, mais il impose à tous les lois directrices des principaux mouvements humains. Voilà pourquoi tout ce qui ne suit pas l'esprit général des lois de la nature n'a qu'une durée éphémère.

Toute plante que mon Père céleste n'a point plantée sera déracinée.

(Saint Mathieu, chap. VI, verset 13.)

Cela veut dire entre autre, que toute institution gouvernementale, soit République, Royauté ou Empire, sera arrachée, si elle n'a pas pour base sociale le règne de la Justice, qui est l'organisation de l'amour du prochain par la protection mutuelle des intérêts.

Le Fils, qui est le peuple, a donc pour mission spéciale de conformer ses actes aux intentions du Père; voilà pourquoi il doit grouper ses forces, afin de juger collectivement les droits et devoirs de chacun de ses membres envers les autres.

Le Père ne juge personne; mais il a donné au Fils tout pouvoir pour juger. (Saint Jean, chap. v, vers. 48.)

Comme on le voit, il a été prescrit aux hommes de se réunir, afin que leurs actes et jugements **soient parfaits comme leur Père, qui est aux cieux, est parfait.** (Saint Mathieu, chap. v, verset 48.)

Le groupement corporatif provoquera donc l'accomplissement complet de la volonté de Dieu sur la terre.

Une autre des volontés conservatrices du Père est indiquée dans le sermon sur la Montagne :

Heureux les débonnaires, car ils hériteront de la terre! (Saint Matthieu, chap. v, vers. 5.)

Ces paroles, comme tout ce qu'a dit le Christ, représentent la vérité éternelle. Il est certain en effet, que presque tous les gens qui naissent riches sont généralement bons et débonnaires, c'est-à-dire pauvres de l'esprit physiocratique. S'il en était autrement sous le régime individualiste, c'est-à-dire si les gens qui naissent riches avaient l'esprit rusé, despote, exploiteur et spoliateur comme les économistes physiocrates qui ont fait tourner à leur profit la grande révolution de 1789, la terre ne serait pour ainsi dire pas habitable pour les travailleurs déshérités de la fortune.

.*.

Agir sur la terre conformément à la volonté de Dieu consiste surtout à aider par chacun de ses actes la marche de l'œuvre universelle, mais non point à l'entraver ; c'est-à-dire que la volonté du Père est représentée par ce qui concourt le mieux au développement des intérêts communs et généraux de toutes les familles sans exception. Une fois le terrain social ainsi préparé, la liberté individuelle commence, elle doit faire le reste avec les yeux constamment fixés sur les intérêts et la liberté du prochain.

1° La volonté du Père consiste à organiser par spécialités toutes les productions, afin que les hommes aient intérêt à s'aimer et à s'aider les uns les autres, quelles que soient leurs positions sur l'échelle sociale.

2° Elle consiste encore pour chacun, à respecter les droits naturels et conventionnels de son prochain, à condition d'être en droit d'exiger de lui le même respect ;

3° La volonté du Père consiste aussi à remplir tous les devoirs protecteurs du travail, que la nature impose à chacun suivant son intelligence et sa position.

Tandis que l'homme agit contrairement à la volonté du Père, lorsque, ne consultant que son égoïsme et ses passions il cherche à désorganiser les familles par la rapine ou la débauche, et à ravir à son profit la direction des intérêts communs et généraux de son prochain, par la ruse ou la révolution.

L'individualisme est donc un système social essentiellement contraire à la volonté du Père, parce qu'il favorise le mal ci-dessus expliqué et qu'il empêche la marche des voies du bien indiquées plus haut.

Donnez-nous aujourd'hui notre pain quotidien.

Ce verset vous apprend que le pain moral et matériel doit être assuré collectivement à tous les hommes par le règne de la Mutualité : il nous apprend encore qu'à l'image de toute la nature l'homme a l'obligation de vivre au jour le jour.

Chaque jour suffit à sa peine.

Les épargnes de l'homme doivent constituer le capital utile pour développer la puissance du Travail.

Par la cotisation journalière, les épargnes du travailleur laborieux doivent assurer mutuellement son lendemain contre les éventualités qui peuvent être facilement atténuées.

Mais, pour arriver à ce que ce verset soit une vérité, il faut à l'homme le droit syndical dans la corporation, c'est-à-dire le droit de réunion professionnelle.

Assuré des éventualités de son lendemain par le travail organisé, l'homme grandira démesurément et à bref délai, en morale et en conduite.

Tandis que, par l'individualisme, l'homme isolé n'est sûr de rien, il regarde forcément son semblable comme son ennemi, quand il croit que ce dernier possède largement le pain de tous les jours, dont lui-même est souvent privé : de là la multiplication indiscontinue des crimes, délits et procès depuis le commencement du siècle.

En un mot, les constituants de 1791 ont organisé la société moderne afin qu'elle puisse se défendre, en punissant des crimes et délits qu'ils auraient pu prévenir pour la plupart avec le pain quotidien que donne la corporation, au moyen des caisses de prévoyances alimentées par les cotisations de tous ses membres actifs et laborieux.

Pardonnez-nous nos offenses comme nous les pardonnons à ceux qui nous ont offensé.

La réciprocité est en tout et partout la base des enseignements du Christ.

Ce verset invite à la conciliation collective qui est le plus beau fleuron de la Famille professionnelle. En effet, sans conciliation, sans explication, et aussi quelquefois sans compensation, le pardon des offenses ne peut être complet; mais la conciliation devant les pairs fait fondre tous les glaçons du ressentiment, par la puissance de l'esprit de corps, et la crainte de l'opinion publique.

Le premier élément de la paix sociale est donc le pardon des offenses, que l'homme dirigé par son seul intérêt privé, tend constamment à faire aux intérêts privés de son prochain.

C'est pour cela qu'il a été dit : **Tout ce que le Fils liera sur la terre sera lié dans le ciel, et : Tout ce qu'il déliera sur la terre sera délié dans le ciel.**

Ces paroles s'appliquent à la conciliation collective ainsi que les suivantes :

Confessez-vous les uns les autrs, ce qui veut dire quelles que soient vos diverses positions sociales, reconnaissez-vous tous comme frères, et pardonnez-vous mutuellement vos offenses en les conciliant

Le papier timbré inventé par la physiocratie ne concilie rien, bien au contraire, il sème des haines implacables dans le cœur des hommes et dans les relations des familles.

Ne nous induisez point à la tentation.

Le Père induisant ses créatures à la tentation doit paraître une anomalie, à moins que les tentations continuelles auxquelles l'homme est soumis par la force même de l'ensemble des choses sous le régime physiocratique ne soient des épreuves nécessaires pour son amélioration journalière, ce que je n'admets que dans une certaine mesure.

Cette partie du *Pater* s'applique au contraire très-bien à l'organisation des intérêts producteurs entre les hommes, que Jésus affecte toujours d'appeler l'amour du prochain.

Or, il est évident que le règne de la justice ôtera la tentation du cœur de tous les hommes, parce que l'organisation des intérêts producteurs leur assurera le lendemain contre toutes les éventualités de leurs besoins, ainsi que ceux de leurs familles.

Il est certain, en outre, que l'isolement individuel, avec l'interprétation de la loi pour seule barrière, est bien le règne qui agace tous les mauvais instincts, c'est donc celui qui induit tous les jours l'homme à la tentation.

Le groupement professionnel établi dans l'esprit de l'œuvre du Père empêchera que les hommes soient **induits à la tentation**, parce que l'union fait la force et que la tentation n'est qu'une des faiblesses de l'homme isolé par l'individualisme.

Mais délivrez-nous du malin, car à vous appartient le règne, la puissance et la gloire à jamais.

Cette dernière partie du *Pater*, donne beaucoup de force à la deuxième explication du précédent verset. En effet, le malin qu'il soit homme ou organisation sociale produit le mal de son prochain, c'est-à-dire que le malin tend à priver ou à rendre difficile à acqué-

rir pour les travailleurs les choses les plus nécessaires
à leur existence de tous les jours.

Le malin, qui est l'esprit physiocratique, tend donc par
tous ses actes à organiser à son profit le servage du
prochain par les besoins de la vie journalière.

Pour dominer facilement les hommes a dit un malin
physiocrate, il faut les rendre libres de tout, excepté de
se réunir pour protéger leurs intérêts en commun !

Il ressort clairement de ceci, que tous les biens,
tous les bonheurs et toutes les joies, seront le partage
des sociétés d'hommes qui accompliront la destruction
de leurs luttes et partant de toutes leurs misères, avec
le travail et les intérêts producteurs organisés par le
groupement professionnel.

**Tu aimeras le Seigneur ton Dieu de tout ton cœur,
de toute ton âme et de toute ta pensée.**

C'est là le premier et le grand commandement.

**Et voici le second, qui lui est semblable : Tu aimeras
ton prochain comme toi-même.**

**Toute la loi et les prophètes se rapportent à ces deux
commandements.** (Saint Mathieu, chap. xxii, versets 37,
38, 39 et 40.)

Dieu est uniquement représenté par son œuvre la nature, que l'homme doit aimer et imiter en organisant le
travail, en respectant partout l'esprit de son fonctionnement et en solidarisant les intérêts des sociétés et des
individus à l'image de l'harmonie universelle ; cette organisation comporte nécessairement les groupes professionnels, au sein desquels l'homme a intérêt à aimer son
prochain comme lui-même, puisque son prochain doit en
faire autant pour lui d'après la même loi.

C'est-à-dire que le résumé pratique de toute la science sociale du Christ est celui-ci :

Le bonheur général de l'humanité, que Jésus appelle constamment le Royaume de Dieu et sa justice par l'amour du prochain, doit être ainsi organisé.

L'homme doit envisager les intérets communs et généraux de sa corporation, de sa commune, de son département et de son pays, comme supérieurs à ceux de sa famille consanguine.

Cette conduite représente l'intéret de chaque individu dans une société bien organisée. La même raicon d'intéret commande à l'homme d'aimer et de protéger les intérets de son prochain, afin que son prochain en fasse autant pour lui.

L'intérêt privé des hommes sera développé et considérablement augmenté par cette manière équitable et rationnelle de pratiquer la réciprocité sociale.

C'est là la mise à exécution véritable du : tous pour chacun et chacun pour tous, qui découle des doctrines du Christ, afin de former le principal article constitutif de la république des classes dirigées.

Mais, comme les hommes malins ont tenté dans tous les temps d'anéantir les centres de l'organisation des intérêts de leur prochain, afin de retenir les travailleurs en servage, Jésus a terminé sa sublime prière sociale par ces mots : **Mais délivrez-nous du malin.**

***

Avoir symbolisé les malices pharisaïques et physiocratiques, ainsi que les désespoirs qu'elles entraînent, sous la figure d'un monsieur à cornes et à pieds fourchus, appelé le Diable ou le Démon, lequel se trouve partout comme le bon Dieu, représente une image grossière bonne tout au plus pour les temps arriérés du moyen âge.

Dans tous cas, ce symbole **du mal** n'est que le pendant de celui **du bien** représenté par Dieu; il devrait donc nous faire comprendre ce que Jésus nous crie pour ainsi dire par chacune de ses paroles, à savoir, que le règne de Dieu sur la terre est dans nos mains et qu'il dépend de nous de le substituer de suite au règne du Diable, qui fonctionne aujourd'hui; car au **regne de Dieu**, par le groupement professionnel, sont attachées **la puissance et la gloire à jamais.**

3.

Conclusion économique.

Comme il vient d'être expliqué plus haut, le constructeur de la nature a été nommé intelligemment **Le grand Architecte de l'univers** par Hiram ou Maître Jacques, ministre du travail du grand Salomon. Le Créateur a été appelé économiquement ainsi, parce que son œuvre immense est le modèle unique du travail, ainsi que de chacun des rapports d'intérêt de l'homme en société.

Ces rapports d'intérêts ont été organisés imparfaitement peut-être, mais leur organisation a fonctionné pendant plus de cinq siècles consécutifs dans les villes de France, au sein des corps d'arts et métiers.

Les physiocrates constituants de 1791 ont réussi à détruire les corporations de la nationalité française et à les remplacer pour les populations par l'isolement individuel, en appelant dédaigneusement le peuple des travailleurs et des industriels, **les stipendiés.** (1)

Mais ces économistes ont conservé toutes les corporation priviligiées des gouvernants en organisant socialement pour elles et avec elles, **la République des classes dirigeantes,** qu'ils ont placées à la tête de la société fran-

______

(1) **Voir les œuvres de Quesnay, Gournay, de Turgot** leur élève, **et de Dupont de Nemours, ainsi que tous les autres écrivains physiocrates du XVIII⁰ siècle.**

çaise, en décrétant à leur profit, dans les Droits de l'homme, **le privilége exclusif de la supériorité sociale** ; ce système de république existe encore actuellement en France dans toute sa pureté, malgré qu'il soit pratiqué depuis 85 ans contre tous les intérêts des travailleurs, commerçants et industriels français.

Il paraît bon de faire remarquer ici, que la situation officielle des classes dirigeantes, implique nécessairement l'existence des classes dirigées.

Alors, pourquoi priver les classes dirigées des bienfaits de l'organisation républicaine, puisque ce sont elles seules qui en ont besoin ?

Le devoir le plus élémentaire des classes dirigeantes est donc d'instituer le plus vite possible au-dessous d'elles, **la République des classes dirigées**, en organisant le travail ainsi que tous les autres intérêts producteurs, du haut en bas de l'échelle sociale.

Si bien que, pour fortifier, protéger et développer la liberté individuelle la France jouira enfin de toutes ses libertés collectives, anéanties par la loi des 14-17 juin 1791.

Le gouvernement, qui est toujours acquis par la force même des choses **aux classes dirigeantes**, deviendra plus fort, plus riche et plus puissant, mais surtout beaucoup plus respecté.

La mort ou la vie.

Au plus fort de la décadence romaine, les familles patriciennes voyant que leur pays marchait à la ruine, eurent les craintes les plus sérieuses pour leurs positions sociales et même pour leurs fortunes, que la décomposition des forces vitales du colosse romain allait bientôt livrer aux barbares.

Mues par ces terribles craintes, les familles patriciennes de Rome cherchaient constamment des hommes de mérite pour diriger et sauver l'empire. A cet effet, elles substituèrent plusieurs fois l'élection à l'hérédité, mais l'élection et l'hérédité persistaient à ne donner que des monstres pour le pouvoir.

Si, au lieu de penser à des hommes, ces classes dirigeantes avaient songé aux principes sociaux, elles auraient sauvé l'empire romain, en réorganisant sur toute sa surface le travail et les intérêts producteurs au sein de toutes les classes sociales : en faisant cela, les familles patriciennes auraient également sauvé leurs fortunes.

Aujourd'hui, la France est exactement dans la position du peuple romain à l'époque de la décadence : l'individualisme tue petit à petit la France, comme elle a tué la puissance romaine. Malheureusement, à l'exemple des familles patriciennes de Rome, nos classes dirigeantes ne pensent qu'aux hommes et nullement aux principes sociaux destinés à sauver la société française.

1870 et 1871 paraissent être les derniers avertissements qui indiquent à notre pays que l'hygiène de sa vie économique ne vaut rien.

Espérons que nos classes dirigeantes comprendront que leurs positions sociales et leurs fortunes sombreraient fatalement avec la France, et que, fatiguées de voir que les hommes se succèdent au pouvoir sans amener la période de paix et de concorde que nous désirons tous, elles essaieront la pratique des vrais principes sociaux par le rétablissement des corporations de toutes les branches de l'activité nationale, avec la liberté, moins les abus, et en dotant ces familles des intérêts populaires de toutes les conquêtes du génie moderne.

Paris, 25 décembre 1876.

IMPRIMERIE CENTRALE DES CHEMINS DE FER. — A. CHAIX ET Cie, RUE BERGÈRE, 20, A PARIS. — 17656-8.

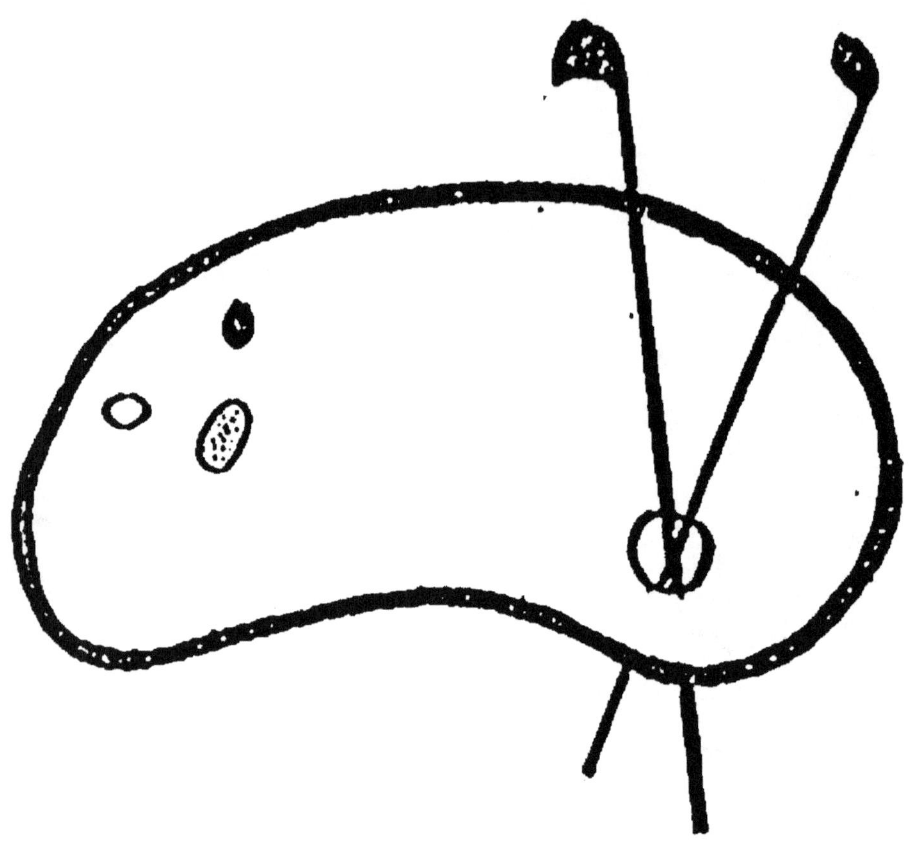